LIBRI

UN DISCURSO ACERCA DEL PRIMER PUNTO DEL CALVINISMO, DEPRAVACIÓN TOTAL, TAMBIÉN CONOCIDO COMO INHABILIDAD TOTAL, Y EL INVENTO DE LA IMAGINACIÓN ARMINIANA, LIBRE ALBEDRÍO

STEPHEN WUORI

Copyright © 2018 by Stephen Wuori

La Escritura es de la Reina Valera 1909

Canal de YouTube aquí:

https://www.youtube.com/channel/UCoMmJgprlK_bFKYFfDyKMag

Por qué escribí este libro

Dios me salvó cuando tenía 27 años, y cuando eso pasó, todo cambió. Empecé a leer la Biblia. Leía por dos horas en la mañana antes del trabajo y después dos horas en la noche. Dios me dio hambre por Su Palabra. Claramente me acuerdo compartiendo lo que había aprendido con el pastor que Dios utilizó para salvarme. Me parece que Dios escoge a quién salva, yo dije. El pastor respondió así: A mí, también. En el primer aniversario de mi renacimiento espiritual me encontré en un Seminario Teológico dónde Calvinismo era un tema prohibido. Los libros de John MacArthur estaban bajo cerradura y llave en un cuarto secreto que uno podía entrar solamente con permiso. Otros libros estaban disponibles en la biblioteca incluyendo obras de Lutero, Calvino, Edwards, Owen, Spurgeon y muchos otros calvinistas. Obras Arminianas también estaban disponibles. El asunto del Calvinismo contra Arminianismo es esencial para un entendimiento correcto del evangelio, y por eso leía todo lo que podía. ¿Es la salvación de Dios o del hombre? Miles de horas de estudio me han guiado a una conclusión. Ojalá que el conocimiento que he adquirido a través de años de estudio persistente sobre este tema sea una bendición para el lector.

Por qué usted debe leer este libro

El Evangelio es el asunto más importante dado a conocer al hombre. Un entendimiento correcto de ello es necesario para heredar la vida eterna. Hay básicamente dos sistemas oponentes para entender la salvación, Calvinismo y Arminianismo. Aunque la mayoría hoy en día probablemente no están de acuerdo, el Calvinismo histórico dice que los arminianos están fuera de la fe Cristiana a causa de su entendimiento fallido sobre la salvación. Este libro da una defensa para la posición histórica, ortodoxa de que la salvación comienza y termina con Dios, y es algo que el hombre no puede alcanzar a menos que Dios primeramente obre en él. El hombre no tiene libre albedrío. Versículos y pasajes de la Escritura abundan apoyando esta doctrina. Por el precio de un almuerzo, y en menos que una hora, usted saldrá con un entendimiento completo de lo que la Biblia enseña acerca de la depravación del hombre, y su inhabilidad para hacer el bien en su estado no regenerado.

Tabla de Contenido

Por qué escribí este libro

Por qué usted debe leer este libro

Tabla de Contenido

Introducción

Una Historia Breve de la Doctrina

Romanos 3:9-18

Efesios 2:1-10

Una Colección de Otros Versículos Apoyando Inhabilidad Total

SOBRE EL AUTOR

Una cosa más

Mis páginas web

Introducción

El debate se encoleriza como las llamas de un incendio de petróleo. Y como las aguas del Mar Rojo se partieron, así hacen muchos en lo que concierne a la doctrina del libre albedrío. Los dos campamentos se paran enfrentándose unos a otros, listos para la batalla como dos ejércitos antiguos. Los profesores estaban encendidos por posicionar creencias contrarias, en el seminario al que asistí. Los estudiantes también lo están. Este es un punto problemático en la Iglesia del siglo XXII. ¿Tiene el hombre la habilidad para escoger a Dios, o es esta capacidad un producto inventado por la mente orgullosa del hombre que anhela elevarse por encima de su Creador?

La Escritura no está carente con respecto a la doctrina de la soberanía de Dios en la salvación. Los calvinistas creen que Dios debe cambiar la naturaleza del hombre para que él pueda creer. Sin que el Espíritu Santo obre gracia en el corazón humano, es imposible que este se arrepienta y crea. Los arminianos, por el contrario, creen que todos los hombres son capaces de tomar la decisión de aceptar a Jesús, por su libre albedrío, antes de que Dios actúe. Este es el corazón del asunto. Quien actúa primero, Dios o el hombre. Crueles palabras salen de ambos lados. Siempre ha sido así. Cualquiera que haya leído "La Esclavitud de la Voluntad" de Martin Lutero estará familiarizado con sus mordaces ataques en contra del papista Erasmo. Esto no es extraño de oír, aun entre pastores, que odian al Dios de los calvinistas. Este Dios, según ellos, es un maestro de títeres, injusto, que preside sobre su creación igual que un dictador malvado. Cuando la razón humana excede a la Divina Escritura, el Arminianismo es el resultado. La raíz del problema del Arminianismo es atentar la lógica de las Escritura para acomodarla a lo que el hombre ve que es correcto, lo que es justo a los ojos del hombre. Al hacerlo, sujetamos al Creador a su creación. La Escritura hablará por sí misma, y este invento del libre albedrío desaparecerá como la carne de un cuerpo enterrado, comido por gusanos.

Casi todos los calvinistas creen que el hombre tiene libre albedrío. Esta es una voluntad de la criatura, para tomar decisiones no espirituales. ¿Comerá pescado o carne? No hay nada que prohíba al hombre de comer pescado o de comer carne. Él es libre para escoger. Pero esto no es la verdad en relación a la salvación. Es imposible para un hombre no regenerado escoger a Jesús.

Una Historia Breve de la Doctrina

En la historia de la iglesia ha habido concilios para afirmar la sana doctrina y combatir la herejía. En 325 hubo el Concilio de Nicea. Ario fue condenado y la Trinidad fue apoyada. Desde ese tiempo la iglesia ha determinado que cualquiera que rechaza la Trinidad, rechaza el cristianismo. La Trinidad es una doctrina cristiana esencial. Aproximadamente sesenta años después, la doctrina de la trinidad fue reafirmada en el Concilio de Constantinopla. Había otros concilios para combatir otras doctrinas falsas además de la doctrina falsa de Ario.

En el IV y V siglo vivía un hombre llamado Pelagio. Él negó la doctrina del pecado original. Esta doctrina dice que todos los hombres heredan una naturaleza pecaminosa a causa del pecado de sus primeros padres en el huerto de Edén. Pelagio escribió en contra de la doctrina que el hombre es condenado al infierno por hacer algo que no puede parar, pecar. Él dijo que el hombre es capaz de no pecar. Pelagio afirmó la doctrina del libre albedrío, diciendo que el hombre puede obedecer a Dios y obedecer a sus mandamientos. Pero Pelagio tenía un gran oponente.

Agustín llamó al Concilio de Cartago en 418 para combatir el pelagianismo. Este concilio rechazó la doctrina pelagiana. En 431, en el Concilio de Éfeso, Pelagio fue condenado como hereje, y también su estudiante Celestio. Jerónimo también escribió contra el pelagianismo.

Luego, la doctrina que es más prevalente en la iglesia hoy, alzó su cara fea. El Semi-pelagianismo entró a la iglesia. El Semi-pelagianismo dice que el hombre es capaz de tener fe en Dios antes de haber recibido gracia. Esta es la doctrina del libre albedrío. La voluntad del hombre no es constreñida, sino que es libre de creer el evangelio. En 529, en el Concilio de Orange, fue declarado que la fe es un resultado de la gracia de Dios. Otra vez, este es el corazón del asunto.

¿Es posible que un hombre crea el evangelio sin la gracia de Dios, o es necesario que primero Dios de gracia para que el hombre pueda creer? ¿El hombre tiene libre albedrío para creer en Jesús sin el obrar del Espíritu Santo, o el hombre caído es tan corrupto por el pecado que él ha perdido el libre albedrío que posiblemente tenía en algún tiempo? ¿La salvación se cumple por el poder del hombre o por el poder de Dios? Durante la Reforma otro hombre importante vendría y su influencia ha durado durante siglos.

Jacobo Arminio vivía en el siglo XVI. En 1610, después de su muerte, algunos de sus seguidores escribieron la Remonstrans. Este documento estableció las doctrinas del arminianismo. También tiene cinco puntos. Los cinco puntos de la Remonstrans son opuestos exactos de los cinco puntos del Calvinismo. Establecen libre albedrío, predestinación condicional, propiciación universal, gracia irresistible, y el caer de gracia. La mayoría de las iglesias en el siglo XVII rechazaron estas doctrinas. Por supuesto, son el opuesto a las doctrinas que los reformadores enseñaron en el siglo XVI. Sin embargo, hoy, la mayoría de las iglesias creen en los primeros puntos de la Remonstrans, rechazando solo el caer de gracia. Un dicho repetido a menudo entre estas iglesias es, una vez salvo, siempre salvo. La Remonstrans se introdujo para combatir las doctrinas de Juan Calvino. Su doctrina de la predestinación está claramente definida en su obra magna, "La Institución de la Religión Cristiana." Seguidores de la teología de Calvino se reunieron en el Sínodo de Dort en 1618-1619. El Sínodo rechazó las cinco cabezas de doctrina de la Remonstrans, y los participantes escribieron sus propios cinco puntos. Estos llegaron a ser la base de los cinco puntos del Calvinismo. El acróstico por lo cual se puede acordar los cinco puntos del Calvinismo es TULIP en inglés, y en español podemos decir TULIPan. Hay que cambiar la segunda letra en español.

Cada letra representa uno de los cinco puntos. Son: depravación Total, elección incondicional, propiciación Limitada, gracia Irresistible, y Perseverancia de los santos. Es importante entender las raíces de la iglesia que Dios reestableció a la prominencia, en el siglo XVI. La Reforma comenzó con un hombre, a quien Dios levantó para combatir los errores de la iglesia Romana. Martín Lutero era un monje. El 31 de octubre de 1517, él inició un curso de eventos que haría temblar el mundo a su fundación. Los hombres a quienes Dios levantó en Europa, y luego en otros lugares, eran casi todos calvinistas. Pero la iglesia evangélica del siglo XXI no lo es. La razón por la que varias iglesias evangélicas existen hoy es porque Dios alzó a estos hombres para reformar a la iglesia. La mayoría de los líderes en la iglesia hoy han rechazado las doctrinas que estos mismos hombres creían. La Confesión de Fe de Westminster, La Confesión de Bélgica, El Catecismo de Heidelberg, La Confesión Bautista de Londres de 1689, y otros documentos doctrinales semejantes ayudaron a establecer la sana doctrina en la iglesia. Pero hoy, tristemente, una minoría tiene estas creencias. Cuando se pregunta qué cree una iglesia, un pastor a menudo provee un documento escrito por su propia iglesia, en vez de dirigir a la persona a uno de estos documentos históricos de la fe cristiana. La mayoría de las iglesias en el mundo de hoy han rechazado la sana doctrina y ortodoxia histórica, y al mismo tiempo están proclamando que son descendientes de la Reforma, como la Iglesia Adventista hace en su sitio web. Hay muchas otras doctrinas importantes de la Reforma además de los cinco puntos del Calvinismo. No está al alcance de esta obra analizarlas. Es interesante notar que los reformadores eran cesacionistas y creyeron en sola Escritura. Lutero aun oraba que Dios no le diera sueños y visiones. Tal era su deseo confiar solamente en la Palabra de Dios. Libre albedrío es una de las varias doctrinas enfatizada durante la Reforma que muchos en la Iglesia Evangélica del siglo XXI han rechazado. Sin duda la doctrina del libre albedrío es la más importante de todas, porque se trata del asunto más importante para el hombre, la salvación. El entendimiento correcto del evangelio es necesario para heredar la vida eterna.

Romanos 3:9-18

Depravación total también se le conoce como inhabilidad total. La doctrina dice que el hombre es tan depravado como resultado de la caída, que no puede creer en Dios. No tiene la habilidad para arrepentirse y tener fe. La nueva creación de ser transformado y renacer por la Palabra de Dios es a través de la operación poderosa del tercer miembro de la Trinidad en el corazón del creyente, sin la cual, no hay nueva vida. Todos los hombres están muertos en pecado. Romanos capítulo 3 dice esto con claridad.

Este capítulo es una condenación de toda la raza humana. El Versículo 9 comienza la discusión del estado del hombre caído. Todos los hombres, ambos judíos y gentiles, están bajo pecado. Los judíos eran el pueblo escogido de Dios. Ellos rechazaron a Jesús y como resultado han estado cegados a la verdad del evangelio. Hay judíos que creen en Jesús, pero la mayoría andan en tinieblas. Ellos son tan sordos que no pueden escuchar la verdad de que Isaías 53 era una profecía sobre Jesús. Los gentiles son todas las personas que no son judíos. En el pensamiento judío había dos tipos de personas, los miembros del pacto y los que estaban fuera del pacto. Los judíos eran la gente escogida de Dios, y los gentiles no. En el Antiguo Testamento la salvación era de los judíos. Tal como hoy pocos judíos entran al pacto, pocos gentiles entraron a la familia del pacto de Dios. La ley fue dada a los judíos, no a los gentiles. Dios no mandó a Josué a predicar a las naciones en Canaán. Israel debía heredar la tierra prometida y ni un gentil tenía que quedar. El asunto es que, Pablo no excluye a nadie cuando dice en Romanos 3:9 que todos están bajo pecado.

Estar bajo pecado significa estar bajo el poder del pecado, controlado por él, completamente corrupto por él. Este es un estado terrible. Hay solo otro estado en el que uno puede estar, bajo la gracia. Cuando una persona nace de nuevo por el poder del Espíritu Santo, pasa de estar bajo el pecado a estar bajo la gracia. Todas las personas en el mundo están bajo el pecado o bajo la gracia. Todos están bajo el pecado por naturaleza. Los bebes nacen así en el mundo. David escribió en Salmo 51 que su madre le concibió en pecado.

Romanos 3:9 es el versículo introductorio a esta sección. La frase, todos están bajo pecado, es el asunto principal del texto. Los siguientes versículos se elaboran en ello. Hacen esto con unas de las palabras más duras que se encuentra en toda la Escritura. Los Versículos 10 al 12 describen el estado del hombre bajo el pecado. Y los Versículos 13 al 17 explican su conducta bajo el pecado. El Versículo 18 dice la causa del problema.

Romanos 3:10 "Como está escrito: No hay justo, ni aun uno." Cuando las palabras, "como está escrito" aparecen en la Escritura, se refieren a un pasaje del Antiguo Testamento. Estas palabras provienen de Salmo 14 y Salmo 53. Son una condenación completa de todos los hombres que han caminado sobre la faz de la tierra. Para ir al cielo, es necesario ser justo. Pero Dios dice con certidumbre que nadie es justo. Ningún hombre está en el camino que va al cielo. Ningún hombre está sin pecado. Ningún hombre es inocente. Todos son culpables. Todos están bajo pecado.

Este hecho es un resultado de la caída del hombre. Adán pecó y su pecado pasó a todos los hombres. Romanos 5:12 dice que todos pecaron. El verbo para "pecaron" en el griego es el tiempo aoristo. Esto representa una acción pasada, en la que la acción no continúa. Es solo un evento, semejante a tomar una foto. Se toma la foto, y la acción termina. Así es el tiempo aoristo. Todos pecaron en Adán. Él es el padre de la raza humana. Era el representante de los hombres en el huerto de Edén, y la cabeza del pacto. Tal como Cristo actuó por los creyentes en su muerte, sufriendo el castigo por el pecado que ellos merecen, Adán actuó por el hombre en el primer pacto de obras. Cuando Adán pecó, todos pecaron en él. Adán representó a todas las personas como la cabeza de la raza humana. Cristo es el segundo Adán, y representó a todos los creyentes en su muerte en la cruz. Todos están bajo pecado. Este es el estado en que el hombre se encuentra, bajo pecado. No hay justo. Muchos versículos dicen lo mismo.

Génesis 6:5 da la razón por la que Dios envió las aguas que ahogaron a todos los hombres, mujeres, y niños en la tierra, menos ocho. "Y vio Jehová que la malicia de los hombres era mucha en la tierra, y que todo designio de los pensamientos del corazón de ellos era de continuo solamente el mal." El hombre no pensó en nada bueno, solo el mal. Este es un dicho sorprendente. Todo pensamiento del hombre era malo. Esto describe el estado del hombre bajo pecado. Él es malo. Jeremías 17:9 "Engañoso es el corazón más que todas las cosas, y perverso; ¿quién lo conocerá?" La Biblia está llena de tales palabras. Tal como Pablo dice en el Nuevo Testamento que no hay justo, así dice el profeta Isaías en el Antiguo Testamento. Isaías 64:6-7 "Si bien todos nosotros somos como suciedad, y todas nuestras justicias como trapo de inmundicia; y caímos todos nosotros como la hoja, y nuestras maldades nos llevaron como viento. Y nadie hay que invoque tu nombre, que se despierte para tenerte; por lo cual escondiste de nosotros tu rostro, y nos dejaste marchitar en poder de nuestras maldades."

Isaías también dice exactamente lo que el apóstol Pablo dice en Romanos 3:11. "No hay quien entienda, no hay quien busque a Dios." El apóstol tira un puñetazo tras otro al invento del libre albedrío. El hombre no entiende la salvación. No puede entender la ira de Dios o el amor de Dios hacia su creación caída, en la muerte de su Hijo unigénito. Estos hechos son como el cálculo al infante, incomprensible. El hombre es tan corrupto como resultado de la caída que es incapaz de entender la verdad espiritual. Él es ciego y sordo a ella. Pablo dice esto aquí en Romanos y también en su primera epístola a los Corintios.

1 Corintios 2:14 "Mas el hombre animal no percibe las cosas que son del Espíritu de Dios, porque le son locura; y no las puede entender, porque se han de examinar espiritualmente." En Hechos 8:14 Lucas dice que Samaria había recibido la palabra de Dios. En Hechos 11:1 dice que los gentiles la recibieron. Y aquí dice que el hombre natural no percibe las cosas que son del Espíritu de Dios. La misma palabra griega se utiliza en los tres versículos. Hay dos clases de personas en el mundo, los que tienen el Espíritu y los que están sin Él; los hijos de Dios y los hijos de Satanás; los regenerados y los no regenerados. El hombre natural es un hijo del diablo quien no tiene el Espíritu Santo. Es por eso que no recibe la palabra. Él ve las cosas espirituales como tonterías. No las puede conocer. Son imposibles para él entender. El hombre natural no puede aceptar a Jesús. No tiene la habilidad de invitarle a su corazón. El hombre solo puede hacer esto por el obrar del Espíritu Santo en su corazón. Cuando el Espíritu convence de pecado y da el arrepentimiento y la fe, el hombre se traslada del reino de Satanás al reino de Dios. Ya no es un hombre natural. Él es espiritual; hecho así por la operación poderosa del Espíritu en su corazón. Dios hace para el hombre lo que este no puede hacer por sí mismo. Este es el primer punto del Calvinismo, inhabilidad total, confirmada por la palabra de Dios. En la segunda mitad de Romanos 3:11 la enseñanza continua.

"No hay quien busque a Dios." ¿Puede la Biblia ser más clara? La única forma que una persona puede ser cambiada de su estado injusto es si Dios le busca, porque es imposible que la persona busque a Dios. Todos son enemigos de Dios. Sus corazones son engañosos más que todas las cosas. Ellos odian a Dios. No son justos, tampoco buscan ser justos. Es imposible que el hombre tome una decisión para hacerse justo. Proverbios 20:9 "¿Quién podrá decir: Yo he limpiado mi corazón, limpio estoy de mi pecado?" Job 14:4 "¿Quién hará limpio de inmundo? Nadie."

Se escucha que si hay un grupo de personas que están buscando la verdad, Dios enviará un misionero a ellos con las buenas nuevas. La Escritura contradice esta creencia inventada. No hay quien busque a Dios. No hay un tribu en la selva Amazónica, ni un clan en África que está buscando a Dios. Es imposible para ellos hacerlo. La espada del Señor ha penetrado el corazón de la fábula que es libre albedrío. Y mientras se acuesta muerta en el suelo, el apóstol continua golpeando.

Romanos 3:12 "Todos se apartaron, a una fueron hechos inútiles; no hay quien haga lo bueno, no hay ni aun uno." Hay dos caminos en el mundo. Uno va al cielo y el otro al infierno. Todos han salido del camino al cielo. Otra vez, este versículo, como los otros, está hablando sobre el hombre natural. Ellos analizan el hombre sin Cristo. Por lo que todos han sido formados en maldad, y concebidos en el pecado, esta es la verdad para todos los hombres. Han dejado la verdad. Su naturaleza pecaminosa, heredada de Adán, les ha causado el buscar la maldad. Isaías 53:6 dice lo mismo. "Todos nosotros nos descarriamos como ovejas, cada cual se apartó por su camino; mas Jehová cargó en Él el pecado de todos nosotros." Todos se han virado a su propio camino. Este camino no es el camino de Dios. Es opuesto a Dios. Ama la maldad y no el bien. Y así el versículo en Romanos continua, "a una se hicieron inútiles."

La leche que ha estado en el refrigerador por unas semanas es inútil. Es amarga y está dañada. Ponerla en café arruinará el café. Hay que botarla en el lavadero. Todos los hombres son así. Todos son inútiles y dañados, sin valor, buenos para nada. Si estas palabras parecen ásperas, las siguientes empeoran.

"No hay quien haga lo bueno, no hay ni aun uno." ¿Es bueno creer en Jesús? ¿Es bueno arrepentirse del pecado? ¿Es bueno amar a Dios? Ningún hombre hace estas cosas, porque ningún hombre hace lo bueno. Estas palabras son la verdad de Abraham. Son la verdad de Moisés, y del Rey David. Son verdaderas en los profetas y los apóstoles. Son verdaderas en tú y yo. Todos los hombres están bajo el pecado. El pecado reina sobre ellos como un tirano sobre sus sujetos. El pecado es el amo del hombre. Aunque intente, no puede quebrar sus cadenas. Es un esclavo. Esta bajo pecado. No hace lo bueno.

Sin embargo, muchos piensan que son buenas personas. Un estudio corto revela este hecho. Pregunta a alguien si piensa que irá al cielo y probablemente responderá afirmativamente. No soy tan malo. No he matado a nadie. He hecho cosas malas, pero lo bueno que hago pesa más que lo malo. ¿Si un asesino dice al juez que ha hecho muchas cosas buenas, esto niega el asesinato? Un solo pecado es suficiente para condenar a un hombre delante del trono de un Dios santo. Dios es sin pecado. El hombre natural no puede acercarse a Dios. Él está lleno de pecado. Se ha desviado del camino. Es inútil. No hace lo bueno. Si estas palabras no prueban la depravación total, mis ojos no son azules.

Al terminar la descripción del hombre en el estado del pecado, el apóstol describe las acciones del hombre en los versículos 13 al 17, como resultado de este estado. No todos los hombres hacen cada acción de la lista. No todos son asesinos. Ese no es el asunto. El asunto es que la depravación total no resulta en nada bueno. Esta bajo el dominio del pecado y sus acciones muestran este hecho.

Romanos 3:13 " Sepulcro abierto es su garganta; con sus lenguas tratan engañosamente; veneno de áspides está debajo de sus labios." Este versículo tiene referencias específicas para describir la conducta del hombre. Primero dice que lo que sale de la boca del hombre es rancio. Un sepulcro es un lugar donde se pone un cuerpo muerto. Por supuesto está tapado. El olor sería insoportable si no fuera así. Si se abre el sepulcro después de una semana, imagínese el olor llenando el aire. El resultado probablemente sería el vómito para cualquiera que se acerque. Dios describe la garganta del hombre en esta manera. Esto es lo que Dios piensa sobre nuestras palabras. Cuanto los cristianos se quejan de sus circunstancias, tal como los judíos en el desierto. Dios les castigó con la muerte. ¿El hombre contemporáneo debería esperar algo diferente? Utiliza su lengua para enviar maldad y mentiras. Santiago escribe lo que talvez puede ser el lenguaje más fuerte acerca de la lengua en toda la Biblia. Es un miembro pequeño que causa mucho daño, como una chispa en el bosque de California que enciende un fuego incontrolable. Es lenguaje venenoso.

En la selva amazónica donde yo vivía por cinco años, hay serpientes venenosas con cabezas en forma de un triángulo. Los indios atacan a estas culebras con venganza. Una vez yo estaba viajando en una canoa en el río. Cuando el guía vio a una de estas serpientes cruzando el río, él dio la vuelta con la canoa para matarla. Son criaturas mortales, y enemigos del ser humano. Debajo de sus colmillos hay una bolsa llena de veneno. Cuando pican, la víctima tiene pocas horas para vivir si no recibe el antídoto. Las palabras del hombre son descritas por el Espíritu Santo en estos términos. No es difícil ver la profundidad de la depravación en la que el hombre ha caído cuando uno hace un análisis de estas palabras. Este es un ataque completo contra todos los hombres.

Romanos 3:14 "cuya boca está llena de maledicencia y de amargura." Garganta, lengua, labios, y boca es el lenguaje utilizado para condenar las palabras que proceden de la boca del hombre. Maldecir revela amargura. Amargura es infelicidad con Dios. Es hacerse un enemigo de Dios. La basura que cae de la boca de tal hombre lo confirma bajo la ira divina. Después de describir las palabras del hombre, Pablo describe sus acciones.

Romanos 3:15-17 "sus pies son ligeros a derramar sangre; quebrantamiento y desventura hay en sus caminos; y camino de paz no conocieron." El mundo está lleno de matanza. Los líderes buscan conquistar por medio de la guerra. Algunos individuos buscan la retribución porque fueron perjudicados, matando. Aunque no todos se comportan así, eso prevalece en el mundo de hoy, siempre ha estado. La paz viene de Dios. No hay paz para el impío. Todo este comportamiento se resume en el versículo final de esta sección.

Romanos 3:18 "No hay temor de Dios delante de sus ojos." Esta es la causa de todo el pecado. Si hubiera temor de Dios, se restringiría el pecado. Las personas hacen lo que hacen porque no temen el castigo. Dios no está en la vista del hombre. El hombre ha rechazado a Dios completamente. Esto, y todo lo que vino antes, es un resultado del hombre por estar bajo el pecado. Proverbios dice que el temor de Dios es el principio de la sabiduría. El hombre no es sabio.

Estos versículos describen a todos los hombres. No hay excepción. No hay tal cosa como una buena persona. Todos se han desviado. Todos están muertos en el pecado. El hombre no hace lo bueno porque no puede. No busca a Dios y no entiende cosas espirituales. Esto es lo que la Biblia dice explícitamente. Rechazar estas palabras es rechazar el cristianismo.

Efesios 2:1-10

Efesios 2 es otro monumento a la depravación total. En el versículo 1 el apóstol Pablo está escribiendo a los creyentes y describe su estado antes de nacer de nuevo. Estaban muertos. Esta es una forma interesante de describir la condición del hombre. ¿Un hombre muerto puede sentarse? ¿Un hombre muerto puede razonar? ¿Un hombre muerto puede arrepentirse? ¿Un hombre muerto se puede parar? Por supuesto estas preguntas son retóricas. Un hombre muerto no puede hacer nada. ¡Está muerto! Esta muerto en delitos y pecados. Otra vez el pecado es el problema. El hombre tiene pecado, y por eso no tiene vida. El hombre necesita quitarse este enemigo vil. Pero no puede porque está muerto. El Versículo 3 explica la profundidad del problema. "Éramos por naturaleza hijos de ira." Todos los hombres tienen una naturaleza pecaminosa que heredaron de Adán. El hombre está concebido en iniquidad. Nace muerto. Su propia naturaleza le hace un enemigo de Dios. No es un hijo de Dios, sino un hijo de ira. Esta bajo pecado y es un hijo de Satanás. ¡Pablo escribe esto a miembros de la iglesia!

El Versículo 4 marca una transición gloriosa. Después de hablar sobre la maldad del hombre por tres versículos, de sus acciones y naturaleza que son atroces a la vista de Dios, el apóstol escribe esta frase, "Pero Dios." El hombre está muerto y su naturaleza es mala. No puede ayudarse a sí mismo, la intervención divina es necesaria para que haya vida, la eliminación del pecado, y actos justos. Hay solo uno quien puede cumplir tal milagro, "Pero Dios."

Dios, por su misericordia y a causa de su amor por sus hijos, les dio vida. Estos hijos que nacieron de nuevo en Cristo eran muertos en pecados. Esto es tan importante que Pablo lo repite. El apóstol aún se incluye a sí mismo diciendo, "estando nosotros muertos en pecados." Las siguientes palabras, "nos dio vida juntamente", es una sola palabra griega. Dios dio vida al hombre muerto. Esta es una resurrección. Un hombre era muerto, ahora está vivo. Esto vino solamente por el poder de Dios. La transición es clara, "Pero Dios." Si no fuera por Dios, el hombre estaría muerto aun. El hombre es incapaz de crear nueva vida. El milagro es un acto de Dios. Es un renacimiento espiritual. Viene por la gracia de Dios. "Por gracia sois salvos." La gracia es un favor no merecido. El hombre no merece la gracia. No puede merecerla ni ganarla. Ya no sería gracia si eso fuera el caso. Esto está confirmado otra vez en versículos 8 y 9.

La salvación es un don de Dios. El hombre es salvo por gracia por medio de la fe. La gracia y la fe son dones de Dios. El hombre es salvo únicamente por la fe. Sola Fide es una de las cinco solas de la Reforma. El hombre que redescubrió este tesoro escondido también entendió que el corazón del evangelio es que la fe es un don de Dios, e imposible para el hombre ejercer de su propia voluntad y por su propio poder. Si fuera así, la fe sería una obra, y el hombre no es salvo por las obras. El hombre que escogió a Dios por su propio poder también sería mejor que el hombre que rechazó a Cristo. La salvación es por la operación poderosa de Dios en el corazón del hombre para crear nueva vida. Las obras viejas de la carne han sido reemplazadas con buenas obras, como dice versículo 10. Todo esto fue ordenado por Dios antes que el mundo fuese.

Una Colección de Otros Versículos Apoyando Inhabilidad Total

La Biblia abunda con versículos que matan el libre albedrío en su cuna. El principio del evangelio de Juan es triste. Describe la reacción del hombre al venir de Cristo. Versículos 10 y 11 del primer capítulo repiten lo que el apóstol ya había dicho. "En el mundo estaba, y el mundo fue hecho por él, y el mundo no le conoció. A lo suyo vino, y los suyos no le recibieron." Si la Escritura enseña algo, es no estar sorprendido por las acciones del hombre. Su corazón es engañoso más que todas las cosas. No hace lo bueno. No es justo. Después de contar cómo el hombre no recibió a Cristo, Juan ilumina en cómo el hombre le recibe en versículos 12 y 13. "Más a todos los que le recibieron, dio les potestad de ser hechos hijos de Dios, a los que creen en su nombre. Los cuales no son engendrados de sangre, ni de voluntad de carne, ni de voluntad de varón, más de Dios." Una persona se convierte en un hijo de Dios por creer en Jesús. La salvación es por gracia por medio de la fe. Este es un nuevo nacimiento. El hombre es muerto en pecado y tiene que renacer espiritualmente para ser un hijo de Dios. Este nacimiento no es de sangre. Los judíos pensaban que por ser hijos de Abraham, también eran hijos de Dios. Jesús condena este punto de vista. Dijo a los fariseos que el reino sería quitado de ellos y dado a otra nación. Ellos rechazaron al Hijo de Dios. Él entró en el mundo, y los cerebros en oscuridad de los judíos malvados no podían recibir la verdad espiritual. Hasta hoy este pueblo rechazado queda en tinieblas. Según Pablo en Romanos los judíos son enemigos de los cristianos porque odian a Jesús. Muchos que nacen en la iglesia hoy en día tal vez sufran el mismo engaño de los judíos. Se sientan en la iglesia semana tras semana confiando en su descendencia. Sus abuelos eran cristianos. Sus padres eran cristianos. Ellos también son cristianos. Pero la salvación no es de sangre.

Tampoco es de voluntad de carne. La voluntad de la carne y la voluntad del hombre se refieren a la misma cosa, libre albedrío. Este verso es explícito en decir que el hombre no se convierte en un hijo de Dios por su propia voluntad. La carne no tiene poder para crear vida nueva. Un hombre puede intentar con todas sus fuerzas llegar a ser un hijo de Dios y no podrá. Su libre albedrío es inútil para nacer de nuevo. La Escritura dice que es así. El invento del libre albedrío otra vez está hecho pedazos como una taza de vidrio que cae al suelo.

La salvación no es de sangre. No es de la voluntad del hombre. Después de dar el negativo, este apóstol y profesor dice el afirmativo. Uno se convierte en un hijo de Dios por creer o por la fe en Jesús el Hijo de Dios. Es una obra divina. El hombre que toma para sí mismo lo que es de Dios le quita a Dios su soberanía. Se pone a sí mismo en el trono de Dios. Pone su propia voluntad antes de la del Creador. Este es territorio peligroso. Juan confirma que la salvación es una obra divina en otros lugares también.

Juan 6:44 "Ninguno puede venir a mí, si el Padre que me envió no le trajere; y yo le resucitaré en el postrero día." Jesús está hablando. Dice que hay una condición por la cual el hombre viene a él. Ningún hombre puede venir a él si no se cumple está condición. La condición queda fuera de la capacidad del hombre. Jesús otra vez dirige a la gente hacia Dios. La salvación es de Dios. El Padre tiene que traer al hombre a Jesús. Si el Padre no trae al hombre, es imposible que este venga a Jesús. Y los muchos gritos y peticiones en las llamadas hacia el altar caen en oídos sordos. Lo que hacen es levantar las emociones y guiar a muchos a hacer confesiones falsas seguidas por una seguridad de salvación no sana. Venir a Cristo es algo que Dios hace por el creyente. El lenguaje enfatiza este hecho. "Trajere" es la palabra griega "ἑλκύω." Esta palabra también aparece en Hechos 21:30. "Así que, toda la ciudad se alborotó, y agolpóse el pueblo; y tomando a Pablo, hiciéronle salir fuera del templo, y luego las puertas fueron cerradas." La palabra griega que está traducida como trajere en Juan está traducida como arrastraron aquí. El siguiente versículo dice cómo intentaron matar a Pablo. Cuando la gente arrastró a Pablo fuera del templo, no tomaron su mano gentilmente para caminar con él tranquilamente. Su intención era el asesinato. La palabra griega también se utiliza para jalar una red de pescar. El hombre no puede venir a Jesús, Dios le tiene que llevar. Dios no hace esto contra la voluntad del hombre. El hombre desea venir a Jesús, pero no antes de que Dios le dé un corazón nuevo en la regeneración.

La regeneración es el acto de Dios por lo cual él crea un principio de vida nueva en el hombre. Sin esto, no se puede creer. Esta muerto en pecado y no puede arrepentirse ni tener fe sin la obra del Espíritu en la regeneración. El Espíritu regenera al hombre para que pueda creer. Una vez que está regenerado, el hombre es capaz de creer. Él aún desea lo que antes odiaba porque Dios le ha regenerado. Los profetas hablan de Dios dando un corazón nuevo al hombre para que ande en sus caminos. 1 Corintios 2:14 dice que el hombre natural no puede desear las cosas espirituales. El hombre espiritual sí las desea. El hombre espiritual es él que ha recibido este principio nuevo de vida la cual le causa creer. Regeneración, arrepentimiento, y fe son instantáneos. El hombre viene a Cristo después que Dios ha sembrado el principio de vida nueva en él. ¿Cuántas veces hay que disparar al perro muerto de libre albedrío para probar que está muerto? Alcemos la pistola otra vez.

Juan 15:5 es otro lugar donde el apóstol amado dice cuan inútil es el hombre. "Yo soy la vid, vosotros los pámpanos; el que está en mí, y yo en él, éste lleva mucho fruto; porque sin mí nada podéis hacer." Jesús claramente está hablando acerca de asuntos espirituales. Dice exactamente lo que Juan dijo en su introducción a su evangelio. La voluntad del hombre es inútil en la esfera espiritual. El hombre no puede hacer nada sin Jesús. Dios tiene que dar gracia si el hombre va a creer y convertirse en un hijo suyo. El hombre no es capaz de hacer el bien espiritual por su propio mérito, porque no hay quien haga lo bueno.

2 Corintios 3:5 dice otra vez que el hombre no tiene poder para hacer el bien. "No que seamos suficientes de nosotros mismos para pensar algo como de nosotros mismos, sino que nuestra suficiencia es de Dios." El origen de cualquier cosa de valor reposa en Dios, y no en el hombre. El verbo "pensar" significa razonar, considerar, entender. El hombre no es suficientemente apto, o digno por sí mismo para hacer el bien. Pablo sabe esto. Él dice que el poder de los apóstoles viene de Dios. Todo lo que un hombre es o será es porque Dios lo ha dado. A algunos les ha sido dado mayor entendimiento que a otros. A otros fue dada una gran habilidad atlética. Dios es la fuente de todo lo que un hombre tiene y es.

Filipenses 2:13 dice la misma cosa otra vez. "Porque Dios es el que en vosotros obra así el querer como el hacer, por su buena voluntad." Pablo está hablando específicamente a creyentes cuando dice que es Dios quien está obrando en ellos. Esta es la única manera en que una persona puede creer. Es la única manera en la que una persona puede terminar la carrera que ha comenzado. Dios es el principio y el fin de la salvación. La frase muchas veces repetida encaja bien en el contexto: sino por la gracia de Dios, allí voy yo. Si no fuera por su gracia, todo hombre estaría boca abajo en el lodo. Gloria al eterno tres en uno, Él que obra en nosotros, y cuya voluntad es la salvación de los elegidos. Ciertamente Él hará todo lo que quiere, y su salvación es segura en Cristo Jesús. Dios obra en sus hijos para conformarlos a la imagen de su Hijo.

Si un hombre acepta a Jesús de su propio libre albedrío, este hombre tiene razón para jactarse. Él ha hecho una buena obra. Ha hecho algo honorable que hombres menos dignos no han hecho. Pablo corrige esta actitud no cristiana en su primera epístola a los Corintios. El Capítulo 4 versículo 7 dice "Porque ¿quién te distingue? ¿o qué tienes que no hayas recibido? Y si lo recibiste, ¿de qué te glorías como si no hubieras recibido?" El apóstol está reprendiendo a cristianos inmaduros por jactarse sobre su dones espirituales. Ellos no tienen razón para jactarse. No hay nada en ellos digno de alabanza. A Dios sea la gloria. Él es el Autor de sus dones. Él ha escogido quien recibirá cual don. La jactancia demuestra una falta de entendimiento. Como los dones espirituales provienen de Dios, es probado entonces que la fe es un don de Dios. ¿Qué razón tiene el hombre para jactarse? Jactarse no tiene sentido porque todo viene de Dios. Algunos son débiles y otros son fuertes. Algunos son ricos y otros pobres. Algunos son sabios y otros no. ¿No es Dios quien lo ha determinado? Y si Él ha determinado estas cosas menores, ¿no ha también determinado quién heredará la vida eterna? El hombre no tiene nada de sí mismo. No puede hacer ningún bien espiritual si Dios no le da gracia. Todo lo que el hombre ha recibido viene del Todopoderoso. Jactarse es detestable al evangelio de libre gracia. Libre albedrío es un ídolo tonto inventado por el orgullo del hombre. Muchos se arrodillan delante de el en la iglesia evangélica de hoy. La Escritura lo destruye como un chacal sobre un cadáver.

Romanos 8:7-8 es semejante a Romanos 3. Pablo repite una doctrina esencial para un entendimiento correcto de la salvación. "Por cuanto la intención de la carne es enemistad contra Dios, porque no se sujeta a la ley de Dios, ni tampoco puede. Así que, los que están en la carne no pueden agradar a Dios." Este versículo es otro en la larga lista que muestra que es Dios quien es el responsable de cambiar a un hombre para que pueda agradar a Dios. La intención de la carne explica los caminos de un incrédulo. Esta persona no es regenerada. Solo piensa en el mal y lo hace continuamente. Todo que esta persona hace se origina de motivos impuros. Él es un enemigo de Dios y no puede ser mejor. La condenación que la ley trae no mueve a este individuo loco al arrepentimiento y fe. El arrepentimiento y la fe son agradables a Dios. Los incrédulos no pueden agradar a Dios. La Escritura dice así. Ellos están en la carne y no en el Espíritu. Dios primeramente tiene que dar su Espíritu a estos rebeldes carnales para que su cerebro llegue a un entendimiento verdadero acerca de evangelio. La regeneración quita a una persona de la esfera carnal y la pone en la esfera espiritual. La regeneración es un acto sobrenatural ajeno a la capacidad del hombre, o sería un acto humano agradable a Dios. Este principio nuevo de vida cambia al hombre completamente. Ya no tiene una mente carnal opuesta a Dios. Ahora tiene una mente espiritual sujeta a la ley de Dios. Este hombre es capaz de agradar a Dios porque ya no está en la carne, sino en el Espíritu. Dios lo ha hecho así. "Los que están en la carne no pueden agradar a Dios." Sería agradable a Dios que un hombre carnal se convierta en un hombre espiritual. Solo Dios puede hacer esto. ¿Puede un leopardo cambiar sus manchas?

No era así con el hombre siempre. En el principio Dios creó al hombre recto. Eclesiastés 7:29 "He aquí, solamente he hallado esto: que Dios hizo al hombre recto, mas ellos buscaron muchas cuentas." Adán era sin pecado cuando Dios lo hizo al principio y lo puso en el huerto del Edén. Era recto, santo, y bueno. Dios dijo así cuando vio todo lo que había creado. Génesis 1:31 "Y vio Dios todo lo que había hecho, y he aquí que era bueno en gran manera." Adán originalmente no era pecaminoso. No tenía una naturaleza pecaminosa. El hombre fue creado a la imagen de Dios. Hay muchos aspectos del imago dei, o la imagen de Dios. En este caso la única cosa que hay que mencionar es su pureza. Adán era sin mancha e inocente. Sin embargo, fue creado con la capacidad de pecar o no pecar. Él buscó muchas cuentas. Adán escogió comunión con la mujer en vez de comunión con Dios. Él quebrantó el único mandamiento que el Dador de la ley habló. Cuando hizo eso, perdió mucho de la imagen de Dios y cualquier libertad que tenía antes. Su voluntad ahora era atada para hacer el mal. El pecado sobrevino en su ser. Su naturaleza ahora era pecaminosa. Esta naturaleza pecaminosa traspasaría a sus descendientes. Todos están sin habilidad de hacer el bien espiritual.

La definición de la voluntad es simplemente el acto de escoger. La voluntad del hombre siempre actuará según el deseo más fuerte. El pastel es delicioso. Ese dulce es irresistible. Cuando está en la casa, hay una elección: evitar la azúcar refinada que debilita el sistema inmune, o disfrutar el placer que resulta al comerlo. Los que se dedican a un estilo de vida saludable tal vez escogerán resistir la tentación de comer este postre increíble. Su deseo de estar en buena salud pesa más que su deseo por el placer temporal. Otros quienes no cuidan su salud comerán con poca hesitación. La voluntad de cada persona actúa por el deseo más fuerte. ¿Pero en que se basa el deseo? La respuesta es la naturaleza del hombre. Tal vez la pregunta teológica más difícil de contestar es por qué Adán pecó. Dios lo creó bueno, a su propia imagen, sin una naturaleza pecaminosa. ¿De qué provino su inclinación a pecar? Con el hombre caído esto es mucho más fácil. ¿Por qué el hombre no escoge a Dios? Su corazón es malo. Tiene una naturaleza pecaminosa. Esta naturaleza mala determina sus deseos o motivos, los cuales determinan la voluntad. Una naturaleza mala no puede escoger el bien. La Escritura dice esto, cómo hemos visto. Por eso la voluntad del hombre caído está atada por su naturaleza mala. Su deseo por hacer el mal y vivir en el pecado en vez de arrepentir siempre será el más fuerte, y el hombre siempre actuará según su deseo más fuerte. La cadena es irrompible. Una naturaleza pecaminosa resulta en deseos malos los cuales determinan cómo escogerá la voluntad.

La libertad es la habilidad para hacer algo. El hombre no tiene libre albedrío porque no tiene la habilidad de escoger a Jesús. Los arminianos hacen todopoderosa a la voluntad del hombre. La Escritura dice lo contrario. El Arminianismo dice que la voluntad tiene poder para escoger por sí mismo y no está atada por nada. La verdad es que la voluntad no puede actuar por sí misma. No es neutra cómo los arminianos creen. La única manera en que la voluntad podría ser neutra, o indiferente, es si no tuviera ningún deseo que yace debajo, escondido. Escoger solo puede pasar cuando hay una base para ello. La voluntad escoge según sus motivos. La voluntad del hombre no puede causarle acción a sí mismo. Actúa según su deseo más fuerte, lo que está determinado por la naturaleza del hombre. Un árbol malo no puede dar buen fruto. Un hombre con una naturaleza pecaminosa no puede escoger a Jesús. Además, si dos hombres son igualmente capaces de escoger a Jesús, y uno lo hace mientras el otro no, ¿No es el primero digno de alabanza? ¿No ha meritado su propia salvación? ¿No es digno de galardones por su buen acto? Si es así, este hombre tiene razón para jactarse.

Hay otro argumento convincente probando que el libre albedrío es un mito, la presciencia. Presciencia simplemente significa que Dios sabe lo que pasará antes que pase. Si Dios sabe quién creerá, este hecho no puede cambiar. El número de creyentes es fijo. Dios sabe exactamente quienes son. Los que no creerán no son libres para creer. Si fuera así, esto significaría que Dios no es omnisciente. Miles de años antes de que nazca Marco, Dios sabe si creerá. Este hecho no puede cambiar. Marco no tiene libre albedrío para cambiar la presciencia de Dios. Dios no sabe nada contingentemente. Todo lo que Dios sabe ciertamente pasará. Esta es otra bala a la doctrina falsa del libre albedrío. Dios mismo proclama esto de su trono. Isaías 46:10 "Que anuncio lo por venir desde el principio, y desde antiguo lo que aún no era hecho; que digo: mi consejo permanecerá, y haré todo lo que quisiere." Es fácil mostrar en la Escritura eventos específicos que Dios predijo.

Éxodo 3:19 "Mas yo sé que el rey de Egipto no os dejará ir sino por mano fuerte." Dios envió a Moisés y Aarón a Faraón, mandando al rey a dejar Israel libre de su esclavitud. Dios sabe de antemano cual será el resultado de este pedido. La acción de Faraón no es contingente para nada. Ciertamente pasará. La presciencia de Dios la ha hecho así. De la misma manera esto es la verdad acerca de la salvación de individuos específicos. Dios sabe quién creerá y quien no creerá antes que nazcan. Este conocimiento es absoluto y cierto. No puede cambiar.

La doctrina de la necesidad no libra al hombre de culpa. El hombre desea pecar. Esto es lo que él quiere hacer. Su naturaleza pecaminosa determina sus motivos, los cuales resultan en su acto de escoger. El hombre natural nunca escogerá a Dios. Él y solo él es responsable de su acto malo de rechazar a Cristo. Esto es lo que el hombre quiere hacer. La presciencia de Dios, asegura que los no elegidos se quedan en su estado no regenerado, no pueden ser reconciliados por el libre albedrío. Los dos aspectos son contradictorios. Dios sabe quién será salvo y por eso el hombre no es libre de cambiar el número de los elegidos, o el libre albedrío es soberano y Dios es mutable y le falta el conocimiento acerca de eventos futuros.

La doctrina de inhabilidad total ofende la razón del hombre. Muchos que escuchan esto piensan que Dios es un tirano malévolo, quien condena a quien quiere porque Él quiere. Lo ven como un titiritero jalando las sogas y disfrutando la miseria del hombre. Dicen que el Calvinismo resulta en fatalismo y una falta de deseo por ganar almas. La historia enseña otra cosa. Los ganadores de almas más grandes de la historia eran calvinistas, incluyendo Martin Lutero, George Whitefield, y Charles Spurgeon. Es cuando el hombre entiende que es un pecador malvado y completamente perdido que es capaz de depender solamente en Cristo para la salvación.

La analogía de la Escritura del alfarero y el barro muestra que Dios es soberano. Dios es el alfarero y el hombre es el barro. El alfarero moldea el barro a la forma que él piensa que es lo mejor según su propósito. Un alfarero que hace perros de barro toma mucho cuidado en su trabajo. Cuando termina de moldear el barro en su forma correcta, cuidadosamente para evitar todo error, el artista baja su obra. El perro, este pedazo de barro, no habla con el alfarero diciendo que quiere ser un gato. El alfarero es soberano.

Los arminianos dicen que creen en la doctrina de la presciencia. Sin embargo, dicen además que las acciones de agentes morales están determinadas por su propia voluntad, y no por la de Dios. Ellos hacen del Dios soberano un ser dependiente en su creación y le quitan su soberanía. El hombre está exaltándose a la posición de Dios, reemplazando al Todopoderoso. Esto es lo contrario a la realidad. La voluntad del hombre está sujeta a Dios. De otra manera, sus decretos serían contingentes a las acciones del hombre. Los arminianos dicen que esto hace a Dios el Autor del pecado.

Dios permite el pecado. Esto es evidente. El pecado aparece por todo nuestro alrededor. Lo que muchas personas no saben es que hay tiempos cuando Dios ordena el pecado. Hay muchos ejemplos en la Escritura. Los arminianos se dan vueltas explicando cómo Dios endureció el corazón de Faraón. Éxodo 4:21 "Y dijo Jehová a Moisés: Cuando hubiereis vuelto a Egipto, mira que hagas delante de Faraón todas las maravillas que he puesto en tu mano: yo empero endureceré su corazón, de modo que no dejará ir al pueblo." Dios mandó a Faraón que dejara ir a Israel. Era pecado para Faraón oponerse a Dios. Pero Dios puso en el corazón de Faraón pararse en contra de Él. Dios endureció el corazón del rey y el resultado era que el Faraón no dejó ir a Israel. La Escritura es tan clara como un día soleado. Era el plan de Dios exaltarse por los milagros hechos en Egipto. Las historias de su poder viajarían a los pueblos alrededor. El Dios de Israel sería reconocido por su poder. Dios endureció el corazón del Faraón para cumplir su propósito. El mismo motivo aparece en la historia de Sehón. Deuteronomio 2:30 "Mas Sehón rey de Hesbón no quiso que pasásemos por el territorio suyo; porque Jehová tu Dios había endurecido su espíritu, y obstinado su corazón para entregarlo en tu mano, como hoy." Cuando Israel llegó a Canaán, Rahab dijo a los espías que había escuchado acerca de la victoria de Israel sobre Sehón, y del poder de su Dios, y que la gente temía. ¿Quién puede olvidar la historia de José? Dios lo planeó todo, los hermanos de José vendiéndole a su encarcelamiento. Aunque las personas que cometieron estos crímenes los hicieron por un propósito malévolo según su naturaleza caída, Dios encaminó todo para bien. Su propósito mayor estaba obrando a través de todo. Él utilizó el pecado de estos hombres para cumplir su voluntad. José fue librado de la cárcel y puesto en una posición alta en la casa de Faraón. De esa forma José fue capaz de salvar a Israel del hambre en la tierra y proveer a sus propios hermanos con granos de la abundancia en Egipto. Él dijo a sus hermanos en Génesis 45:5 "Ahora pues, no os entristezcáis, ni os pese de haberme vendido acá; que para preservación de vida me envió Dios delante de vosotros." Algunos pueden leer esto y quedar atónitos. Sí, ¡la Escritura dice que Dios envió José a Egipto! Él utilizó las acciones pecaminosas del hombre para cumplir su propósito. El mejor ejemplo de todo es el de Jesús. Jesús es el Cordero inmolado desde la fundación del mundo. Su muerte fue determinada antes que el mundo fuese creado. Esto no hace a sus asesinos menos culpables o sus actos menos terribles. Hechos 2:23 "A éste, entregado por determinado consejo y providencia de Dios, prendisteis y matasteis por manos de los inicuos, crucificándole." La fuente de la maldad está en las manos del hombre mismo. Dios utiliza su maldad para cumplir su voluntad. El mundo está gobernado por la providencia de un Dios omnipotente quien está dirigiendo todos los eventos según su santa y más sabia voluntad. Este mundo no está gobernado por la suerte. Las acciones de agentes morales totalmente depravados atados por su naturaleza pecaminosa no determinan el futuro. Los ejemplos de la Escritura prueban que Dios está dirigiendo todos los eventos. Dios utiliza el mal para un bien mayor. Isaías 45:7 "Que formo la luz y crío las tinieblas, que hago la paz y crío el mal. Yo Jehová que hago todo esto." La crucifixión es el mejor ejemplo de cómo Dios predetermina el mal y lo utiliza para el mayor bien. Los hombres mataron a Jesús. Ellos hicieron esto porque querían. Dios no tuvo que convencerles de esto. Lo hicieron de su propia voluntad. Su naturaleza pecaminosa guío a su deseo para actuar de la forma en que ellos actuaron. Escogieron a matar a Jesús. Esta acción era libre. Pero Dios utilizó su pecado para salvar a muchos. El perdón viene por la muerte de Jesús. Él tomó los pecados de su iglesia sobre sí mismo y sufrió el castigo que el pecado merece.

El primer pecado de Adán es diferente en que Adán no tenía una naturaleza pecaminosa. Es un hecho establecido que Dios ha ordenado todo lo que pasa. El pecado de Adán no queda fuera. Dios lo ordenó. Dios hizo esto para el mayor bien. La gloria de Dios está manifestada en Jesús. Su obra salvadora y amor por su iglesia ni siquiera los ángeles lo pueden comprender, y ellos desean investigarlo. El estado eterno de los salvos es más glorioso del que hubiera sido si Adán era simplemente confirmado en su santidad sin haber pecado. Decir que Dios es el Autor del pecado es una frase mala. Él ordenó el pecado para que su propia gloria fuese más luminosa, más resplandeciente en Cristo.

Teólogos hablan acerca de la voluntad de Dios en forma diversa. Su voluntad está separada en dos categorías, la voluntad revelada o preceptiva y el secreto o la voluntad decretada. La voluntad revelada de Dios son sus mandamientos y el deber del hombre. No matarás es la voluntad revelada de Dios. Esta voluntad incluye todos los mandamientos y preceptos dados en la Escritura. Se puede resistir esta voluntad, y muchas veces es así. Las personas mienten y quiebran el mandamiento de Dios. La voluntad secreta de Dios es lo que Él decreta. El hombre no puede sobrevenir en este aspecto de la voluntad de Dios. Es su propósito eterno cumplir todo su beneplácito. Dios puede mandar algo que en lo cual Él no tiene ninguna intención de que tal cosa suceda. Esto es exactamente lo que pasó en los ejemplos dados antes. La voluntad revelada de Dios para Faraón era dejar ir al pueblo. Era pecado para Faraón no hacerlo. Pero al mismo tiempo, esto no era la voluntad secreta de Dios. En este caso Dios abre la cortina para que el hombre pueda investigar su consejo eterno. Normalmente no es así. Dios mandó algo que no quería que pase. Se puede decir lo mismo acerca de la muerte de

Cristo. No matarás es un mandamiento. Es pecado matar. Al mismo tiempo es la verdad que Dios planeó la muerte de su Hijo. Esto no hace los asesinos de Jesús menos culpables. La voluntad decretada de Dios no puede cambiar. Está vinculado a su esencia y es inmutable y eterna. Siempre será cumplida. No puede fracasar.

Los arminianos dicen que el hombre puede vencer la voluntad de Dios. El hombre es soberano y no Dios. La voluntad del hombre es tan poderosa que puede sobreponerse a la voluntad de Dios. Dios desea salvar a un hombre específico pero no puede. Este hombre resiste al Altísimo y el propósito de Dios fracasa. Esta es una tontería. La Escritura dice claramente que Dios hace lo que quiera. Si Dios desea salvar un hombre nada le puede parar. La voluntad del hombre no es soberana. Isaías 46:10 "Que anuncio lo por venir desde el principio, y desde antiguo lo que aún no era hecho; que digo: mi consejo permanecerá, y haré todo lo que quisiere." Daniel 4:17 "La sentencia es por decreto de los vigilantes, y por dicho de los santos la demanda: para que conozcan los vivientes que el Altísimo se enseñorea del reino de los hombres, y que a quien él quiere lo da, y constituye sobre él al más bajo de los hombres." Daniel 4:35 "Y todos los moradores de la tierra por nada son contados: y en el ejército del cielo, y en los habitantes de la tierra, hace según su voluntad: ni hay quien estorbe su mano, y le diga: ¿Qué haces?" Isaías 14:24 "Jehová de los ejércitos juró, diciendo: Ciertamente se hará de la manera que lo he pensado, y será confirmado como lo he determinado."

Hay mandamientos a lo largo de las Escrituras. No hay nada inherente en ellos que los hace posibles cumplir a un hombre. La gramática no indica esto. Los arminianos dicen que si el hombre no es capaz de obedecer un mandamiento, la Escritura no tiene sentido. Dicen que si el hombre no es capaz de arrepentirse y creer se hace una burla del mandamiento. Esta es una vista corta. Dios manda a todos los hombres obedecer los 10 Mandamientos. ¿Quién los puede obedecer? Ningún hombre que jamás ha caminado sobre la tierra lo ha hecho. Es imposible. Igual es el mandamiento de Dios. Que los arminianos digan que no tiene sentido para que Dios mande algo imposible muestra su lógica faltante. Ellos empiezan con el hombre en vez de con Dios. Por otro lado Dios habla en el imperativo lo que significa un mandamiento, y luego dice que Él cumplirá lo que manda. Ezequiel 18:31 ¨Echad de vosotros todas vuestras iniquidades con que habéis prevaricado, y haceos corazón nuevo y espíritu nuevo. ¿Y por qué moriréis, casa de Israel?¨ Dios manda a Israel hacerse un corazón nuevo y espíritu nuevo. Esto es imposible. Después Dios dice que les dará un corazón nuevo. Ezequiel 36:26 ¨Y os daré corazón nuevo, y pondré espíritu nuevo dentro de vosotros; y quitaré de vuestra carne el corazón de piedra, y os daré corazón de carne.¨ Dios mismo reemplaza el corazón de piedra que no puede creer con un corazón regenerado de carne para que Israel crea. Dios hace por el hombre lo que manda al hombre a hacer porque el hombre es incapaz de cumplir tal acción. Dios manda a todos los hombres en todos lados a arrepentirse y creer. Esto es imposible. No es el propósito de Dios salvar a todos los hombres. Él salva a aquellos a quien ha escogido antes que el mundo fuese. El hombre no puede investigar dentro de la voluntad de Dios a ver quiénes son. Es la responsabilidad del hombre proclamar la verdad acerca del arrepentimiento y la fe. Dios estableció el oír la palabra como el medio de la salvación. Todos los que serán salvos son los que han sido ordenados para vida según el propósito eterno de la elección en amor.

Si el hombre no puede hacer el bien, ¿Ya no es culpable de sus acciones? ¿Es Jesús indigno de alabanza porque es Dios y solo puede hacer el bien? Nadie respondería en el afirmativo a la pregunta anterior. ¿Por qué entonces alguien diría que el hombre no merece culpa porque no puede evitar el pecado? El argumento es el mismo. Un acto virtuoso merece alabanza mientras que el vicio resulta en condenación. El acto más virtuoso de amor que una persona puede hacer es dar su vida por otro. Esto es lo que hizo Jesús. Él dio su vida como rescate por otros. Su elección era digna de alabanza. Una persona que solo puede hacer el mal debido a su naturaleza no regenerada igual es culpable de los malos actos que comete. Sus elecciones son condenatorias. Las transgresiones no se pasan por alto. La persona es culpable. Se puede decir la misma cosa sobre su voluntad faltante. Es la responsabilidad del hombre arrepentirse y creer. La persona que no hace esto será condenada y la justicia será hecha. La persona es culpable y tiene que ser castigada. Él y solo él es el autor de su pecado. El hecho que un criminal está inclinado a cometer crímenes no le da una excusa. Tampoco el hecho que el no regenerado está inclinado a pecar da una excusa por su falta de arrepentimiento e incredulidad.

El hombre no puede hacer nada para agradecer a Dios sin fe. Hebreos 11:6 "Empero sin fe es imposible agradar a Dios." Y la fe es un don de Dios según Efesios 2:8. El hombre no puede hacer nada para agradar a Dios a menos que Dios le dé la habilidad para hacerlo. Dos cosas son necesarias para la salvación, el arrepentimiento y la fe. El arrepentimiento, como la fe, también es un don de Dios. Hechos 11:18 "Entonces, oídas estas cosas, callaron, y glorificaron a Dios, diciendo: De manera que también a los Gentiles ha dado Dios arrepentimiento para vida." Dios verdaderamente ha hecho en nosotros todas estas cosas, como el profeta escribió hace miles de años. Isaías 26:12 "Jehová, tú nos depararás paz; porque también obraste en nosotros todas nuestras obras." No es la voluntad de Dios salvar a todos. No quiere que todos reciban la vida eterna. Si esto es lo que quería, lo haría. ¿Quién lo podría parar? Dios ha decidido mostrar a ambos su misericordia y su justicia, y magnificarse por permitir que todos sus atributos sean manifestados, incluyendo su ira justa. Es útil terminar con las palabras del Salvador. Mateo 11:25-26 "En aquel tiempo, respondiendo Jesús, dijo: Te alabo, Padre, Señor del cielo y de la tierra, que hayas escondido estas cosas de los sabios y de los entendidos, y las hayas revelado a los niños. Así, Padre, pues que así agradó en tus ojos."

SOBRE EL AUTOR

STEPHEN WUORI es originario de Massachusetts en Estados Unidos. Él recibió una Maestría de Divinidad en 2007 e inmediatamente después salió al campo misionero. Stephen trabajó con dos pueblos de la selva amazónica de 2008 a 2016, los Kichwas y los Shuar. Ahora trabaja como autor y creador de videos en inglés y en español. Sus libros están a la venta en Amazon. Sus videos en español están en el canal Libre Gracia en YouTube, y sus videos en inglés en el canal Richard Reformed. Wuori vive en Ecuador con su esposa y cuatro hijos.

Otros libros de venta en Amazon incluyen, Una Gramática Completa de Inglés y Un Catecismo Bíblico.

https://www.amazon.com/s/ref=nb_sb_noss_1?url=search-alias%3Dstripbooks&field-keywords=stephen+wuori

Una cosa más

Si esta obra corta ha sido una bendición para usted, estuviera agradecido si usted escribiera una reseña en Amazon. Yo leo todas. Su apoyo me anima. También me ayuda a mejorar esta obra y otras semejantes.

Si a usted le gustaría participar en la obra de Dios al mundo Latino, tiene la oportunidad de apoyarme por medio de Patreon.

https://www.patreon.com/stephenwuori

MIS PÁGINAS WEB

Tengo un canal en YouTube con cientos de videos y miles de suscritores.

https://www.youtube.com/channel/UCoMmJgprlK_bFKYFfDyKMag

También tengo una página web con mucha información en lengua española. El Canal es Libre Gracia.

https://libregraciadedios.com/

Recientemente he comenzado un canal en inglés en YouTube, Richard Reformed.

https://www.youtube.com/channel/UC_qFAxiua4BkxYY1FxUI2Mw

Made in United States
Orlando, FL
11 September 2023